BEI GRIN MACHT SICH IHR WISSEN BEZAHLT

- Wir veröffentlichen Ihre Hausarbeit, Bachelor- und Masterarbeit

- Ihr eigenes eBook und Buch - weltweit in allen wichtigen Shops

- Verdienen Sie an jedem Verkauf

Jetzt bei www.GRIN.com hochladen und kostenlos publizieren

Bibliografische Information der Deutschen Nationalbibliothek:

Die Deutsche Bibliothek verzeichnet diese Publikation in der Deutschen Nationalbibliografie; detaillierte bibliografische Daten sind im Internet über http://dnb.d-nb.de/ abrufbar.

Dieses Werk sowie alle darin enthaltenen einzelnen Beiträge und Abbildungen sind urheberrechtlich geschützt. Jede Verwertung, die nicht ausdrücklich vom Urheberrechtsschutz zugelassen ist, bedarf der vorherigen Zustimmung des Verlages. Das gilt insbesondere für Vervielfältigungen, Bearbeitungen, Übersetzungen, Mikroverfilmungen, Auswertungen durch Datenbanken und für die Einspeicherung und Verarbeitung in elektronische Systeme. Alle Rechte, auch die des auszugsweisen Nachdrucks, der fotomechanischen Wiedergabe (einschließlich Mikrokopie) sowie der Auswertung durch Datenbanken oder ähnliche Einrichtungen, vorbehalten.

Impressum:

Copyright © 2014 GRIN Verlag
Druck und Bindung: Books on Demand GmbH, Norderstedt Germany
ISBN: 9783668723993

Dieses Buch bei GRIN:

https://www.grin.com/document/427703

Isabel Funke

Gibt es eine Kontinuität zwischen dem Ersten und dem Zweiten Weltkrieg?

GRIN Verlag

GRIN - Your knowledge has value

Der GRIN Verlag publiziert seit 1998 wissenschaftliche Arbeiten von Studenten, Hochschullehrern und anderen Akademikern als eBook und gedrucktes Buch. Die Verlagswebsite www.grin.com ist die ideale Plattform zur Veröffentlichung von Hausarbeiten, Abschlussarbeiten, wissenschaftlichen Aufsätzen, Dissertationen und Fachbüchern.

Besuchen Sie uns im Internet:

http://www.grin.com/

http://www.facebook.com/grincom

http://www.twitter.com/grin_com

UNIVERSITÄT MANNHEIM
Philosophische Fakultät
Lehrstuhl für Neuere und Neueste Geschichte

Besteht ein kontinuierlicher Zusammenhang zwischen dem Ersten und dem Zweiten Weltkrieg?

Essay
von
Isabel Funke

2014 jährte sich der Ausbruch des Ersten Weltkrieges zum hundertsten Mal. Zu diesem Anlass kamen wieder zahlreiche Publikationen, Fernseh- und Zeitungsberichte auf den Markt, die versuchten, dazu neue Interpretationsansätze und Erklärungen zu liefern. Auch die Absatzzahlen sprachen eine deutliche Sprache: Das Interesse an diesem Krieg war groß. Zumal er in der deutschen Geschichtsschreibung lange im Schatten des Zweiten Weltkrieges stand. Da verwundert es nicht, dass der Erste Weltkrieg bei vielen Autoren häufig als Vorläufer oder Ausgangspunkt für die folgenden Schrecken der NS-Diktatur begriffen wurde und einige sogar von einer Kontinuität zwischen 1914 und 1945 sprachen. Das bedeutet, sie gingen davon aus, dass der Erste Weltkrieg unmittelbare Veränderungen in der Politik und Gesellschaft des deutschen Reiches herbeiführte, durch die letztlich der Aufstieg der Nationalsozialisten, der Holocaust und der Zweite Weltkrieg möglich wurden. Welchen epochalen Charakter muss man also dem Ersten Weltkrieg zuschreiben? Kann man tatsächlich von einer Kontinuität zwischen den beiden Weltkriegen, beziehungsweise von einem geradlinigen, historischen Zusammenhang sprechen? Diese Fragen gilt es im Folgenden zu klären. Es geht demnach vor allem um die Historisierung des Ersten Weltkrieges in der deutschen Geschichtswissenschaft. Aufgrund der knappen Form des Essays wird nur auf wenige Zeitungsinterviews und Literatur zurückgegriffen.

Vielen früheren Forschungen lag die Kontinuitätstheorie zugrunde, die zum Beispiel Hans-Ulrich Wehler und Wolfgang Mommsen sogar 2004 noch vertraten, letzterer eher nur implizit. Neuere Forschungen hinterfragten dagegen die lange vorherrschende Methode, den Ersten Weltkrieg als Prämisse des Zweiten zu verstehen, wie etwa bei Aribert Reimann oder Robert Gerwarth ersichtlich wurde. Sie versuchten ihn auch als eigenständiges Ereignis, losgelöst von den späteren Geschehnissen der Geschichte aufzufassen. Wegen der Plausibilität ihrer Argumentation, wird sich dieser Essay den Thesen dieser neueren Forschung anschließen.

Bereits in den 1960er Jahren begannen Historiker über eine Kontinuitätstheorie zu diskutieren, konkret seit den Anfängen der Fischer-Kontroverse. Diese löste der Historiker Fritz Fischer mit seinem 1961 veröffentlichten Buch „Griff nach der Weltmacht. Die Kriegszielpolitik des kaiserlichen Deutschland 1914/18" aus. Daraufhin entstand ein regelrechter Streit über die politischen Ziele vor und während des Ersten Weltkrieges, in dessen Verlauf letztlich auch die Frage nach einer Kontinuität bis in den Zweiten Weltkrieg hinein aufkam. Fischer bot damit den ersten Deutungsversuch den Zweiten Weltkrieg in die deutsche Geschichte einzuordnen und sah im Ersten Weltkrieg die Ursachen dafür. Auch der US-amerikanische Historiker George F. Kennan vertrat den Ansatz der Kontinuitätstheorie. Er wird hier angeführt, weil er 1979 im Zusammenhang mit dem Ersten Weltkrieg die Formulierung der „Urkatastrophe des zwanzigsten Jahrhunderts" prägte. Die vielfach von deutschen Autoren, als aus dem Kontext gerissene Phrase, verwendet wurde, ohne jedoch damit auch seinen eigentlichen Interpretationsansatz zu meinen. Hans-Ulrich Wehler sprach in einem Essay von 2004 in Anlehnung an den französischen General und späteren Staatsmann Charles de Gaulle nicht nur von einer Kontinuität zwischen den Jahren 1914 bis 1945, sondern gar von einem „Zweiten Dreißigjährigen Krieg". Wobei Reimann ihm hier unterstellte, dieses Schlagwort besonders aus Gründen des Populismus übernommen zu haben.

Alle diese Deutungsansätze haben schließlich den Effekt, dass der Erste Weltkrieg aus seinem Kontext gerückt und von der Geschichtsschreibung lediglich als Voraussetzung und „Generalprobe" für den Zweiten Weltkrieg stilisiert wird. Der hierbei den eigentlichen Untersuchungsgegenstand und das Interesse der Forschung darstellt und nur durch den Ersten Weltkrieg als „Wurzel allen Übels" erklärbar scheint. Diese Ansicht impliziert überdies, dass es nach Kriegsende keine Alternativen zum Aufstieg des Nationalsozialismus gegeben hat, folglich der weitere Gang der Geschichte zwangsläufig auf die Diktatur Hitlers hinaus laufen musste und alleiniges Ergebnis des Krieges und der Kriegsniederlage 1918 war. Man versuchte dadurch auch zu verstehen, wie die deutsche Politik derart fehlgeleitet werden und letztendlich in einem katastrophal zerstörerischen Zweiten Weltkrieg enden konnte. Trotzdem ist es nicht zweckmäßig, den Kriegsausbruch 1914 mit dem von 1939 in einen linearen Zusammenhang zu bringen, zumal beide Kriegsausbrüche vollkommen verschiedene Vorbedingungen hatten. Allein schon unter politischen Gesichtspunkten unterschieden sich das konstitutionelle Kaiserreich Wilhelms des Zweiten und die faschistische Diktatur von Hitler grundlegend. Es bedarf daher im Falle des Ersten Weltkriegs einer differenzierteren Herangehensweise und einer Kontextualisierung, die nicht von den darauf folgenden Ereignissen aus gedacht wird.

Deshalb schlägt Gerwarth in seinem Essay auch vor, dass sich die Geschichtsschreibung beim Versuch der Historisierung des Zweiten Weltkrieges nicht nur auf das Kriegserlebnis und das Motiv für den Ausbruch des Ersten Weltkrieges 1914 versteifen, sondern auch den Blick auf die Probleme der territorialen Veränderungen richten sollte, die dieser mit sich brachte. Genauso wie auf den tiefverwurzelten Revanchismus Gedanken des Verliererstaates Deutschland, der die Zeit des Versailler Vertrages stark prägte. Durch den Krieg wurde aber auch das Gewaltmonopol im Land geschwächt.

Dazu führt Reimann an, dass weder die Kriegsniederlage noch die neu gegründete Weimarer Republik und ihre Politik bei weiten Teilen der Bevölkerung auf Akzeptanz stießen. Er geht außerdem auf den Aspekt ein, dass die Zeit vor dem Ersten Weltkrieg bereist von Gewalt- und Aggressionspotential in Deutschland und Europa geprägt war. Durch Kriege in den Kolonien sollten die Einheimischen vertrieben und vernichtet werden. Hier hatte deshalb schon eine gewisse Form der Totalisierung von Krieg stattgefunden. Mit dem Ausbruch des Ersten Weltkrieges kam dieses Vernichtungspotenzial mit all seinen schrecklichen Facetten dann auch nach Europa. Die hochtechnisierte und industrialisierte europäische Moderne hatte sich somit den Schrecken, der vorher nur in den weitentfernten Kolonien stattfand, nach Hause geholt. Deswegen sieht Reimann den Ersten Weltkrieg auch als Transformationsereignis. Das Gewaltpotenzial, welches man bereits in den kolonialisierten Gebieten ausübte und erprobte, sei auf die Schlachtfelder Europas transportiert worden. Er führte also wichtige Gesichtspunkte zur Kontextualisierung des Ersten Weltkrieges heran und interpretiert ihn nicht vom Zweiten Weltkrieg aus rückwärtsgewandt, sondern aus sich selbst heraus.

In Anbetracht dessen, dass sich Europa unmittelbar vor dem Ausbruch des Ersten Weltkrieges in einer diplomatischem Sackgasse befand, wurde in vielen Publikationen auch davon gesprochen, dass es sich dabei um ein unvermeidbares Ereignis handelte. Dieser These wiedersprach Jörn Leonhard. Mit seinem Buch „Die Büchse der Pandora. Geschichte des Ersten Weltkriegs" wollte er dem Gedanken „Es kam, wie es kommen musste" entgegen wirken. Er argumentiert dahingehend, dass 1914 noch kaum jemand ahnen konnte, dass sich aus dem Konflikt zwischen Österreich-Ungarn und Serbien ein derartig grausamer und langer Krieg entfesseln würde. Man müsste also weg von der Vorstellung, Geschichte könnte nur aus dem Wissen ihrer Konsequenzen heraus begriffen werden.

Ferner brachte die Hochindustrialisierung in Deutschland im 19. Jahrhundert eine enorme Veränderung, die bald das Leben der Menschen aller Schichten erfasste. Dieser Wandel wurde als extrem dynamisch wahrgenommen und schien kein Ende zu nehmen. In der neuen, wissenschaftlich erklärbaren Welt mussten sich die Menschen erst zurechtfinden. Das fiel den meisten schwer, sodass eine große Verunsicherung aufkam, insbesondere da auch das jahrhundertelang von der Kirche vorgegebene Weltbild durch die Verwissenschaftlichung und die technischen Neuerungen zunehmend an Bedeutung verlor. Letztendlich wurde dann auch der Krieg industrialisiert, in dem das Individuum nur noch die Rolle des ersetzbaren „Menschenmaterial" einnahm. Die Auffassung, dass die Welt „aus den Fugen geraten ist", entwickelte sich demnach schon im Laufe des 19. Jahrhunderts. Hier sind auch die Ursprünge für die Aggressions-, Gewalt- und Radikalisierungspotenziale zu suchen, die der Erste Weltkrieg zutage förderte. Die Aggressionen des politischen und imperialen Wetteiferns der europäischen Mächte gipfelten in diesem Ausbruch der Gewalt, der das erste Mal auf europäischem Boden stattfand. In diesem Zusammenhang konnte man den Ersten Weltkrieg auch als Zäsur verstehen.

Schlussendlich bleibt festzuhalten, dass der Gedanke einer Kontinuität zwischen den beiden Weltkriegen, wie er die Forschungsmeinung lange dominierte, nach den Erkenntnissen der letzten Jahre nicht mehr aufrecht zu halten ist. Viel eher kann er nach Reimann als Transformationsprozess gesehen werden, durch den die Aggressionen der kolonialen Konflikte 1914 auch auf den bürgerlich, europäischen Boden übertragen wurden und dort ihre zerstörerische Wirkung entfalteten. Für die Erklärung des Zweiten Weltkrieges genügt es somit nicht, nur den Kriegsausbruch 1914 und dessen Vorbedingungen heranzuziehen. Nach 1918 bestand für die deutschen Politiker auch die Möglichkeit, die Nachkriegsordnung in andere Bahnen zu lenken. Deshalb ist es wichtig, bei der Historisierung beider Kriege auch ihre spezifisch eigenen Voraussetzungen in den Blick zunehmen und nicht pauschalisierend von einer linearen und unausweichlichen Kontinuität zu sprechen, was hinsichtlich des hohen Gewaltaufkommens in der ersten Hälfte des zwanzigsten Jahrhunderts als die plausibelste Möglichkeit erscheint. Insofern ist es erfreulich, dass die Kontinuitätstheorie kritisch beleuchtet und durch andere Denkansätze ergänzt wurde. Dennoch werden sich diese „innovativen" Ansichten, durch die Erscheinung von neuen Standardwerken zum Ersten Weltkrieg erst noch etablieren müssen.

Literaturverzeichnis:

Gerwarth, Robert: 100 Jahre Erster Weltkrieg. Urkatastrophe des 20. Jahrhunderts? In: Deutschlandfunk, Essay und Diskurs, Beitrag vom 20.04.2014. Quelle: http://www.deutschlandfunk.de/100-jahre-erster-weltkrieg-urkatastrophe-des-20-jahrhunderts.1184.de.html?dram:article_id=279955 (Zugriff 26.10.2014).

Leonhard, Jörn: Die Büchse der Pandora. Geschichte des Ersten Weltkriegs. München 2014.

Mommsen, Wolfgang: Der Erste Weltkrieg. Anfang vom Ende des bürgerlichen Zeitalters. Frankfurt a. M. 2004.

Reimann, Aribert: Der Erste Weltkrieg – Urkatastrophe oder Katalysator? In: Aus Politik und Zeitgeschichte B 29-30/2004, S. 30-38.

Rüskamp, Wulf / Thomas Steiner: Freiburger Historiker schreibt Standardwerk zum Ersten Weltkrieg. Interview mit Jörn Leonhard. In: Badische Zeitung vom 19.02.2014. Quelle: http://www.badische-zeitung.de/freiburg/freiburger-historiker-schreibt-standardwerk-zum-ersten-weltkrieg--80926809.html (Zugriff 26.10.2014).

Schöllgen, Gregor: Griff nach der Weltmacht? 25 Jahre Fischer-Kontroverse. In: Historisches Jahrbuch 106, S. 386-406.

Wehler, Hans-Ulrich: Der zweite Dreißigjährige Krieg. Der Erste Weltkrieg als Auftakt und Vorbild für den Zweiten Weltkrieg. In: Spiegel Special 1/2004, S. 138-143.

BEI GRIN MACHT SICH IHR WISSEN BEZAHLT

- Wir veröffentlichen Ihre Hausarbeit, Bachelor- und Masterarbeit

- Ihr eigenes eBook und Buch - weltweit in allen wichtigen Shops

- Verdienen Sie an jedem Verkauf

Jetzt bei www.GRIN.com hochladen und kostenlos publizieren